Dépôt légal : 1er trimestre 2016.
ISBN : 978-2-7459-7576-8. Imprimé en Espagne par Estella

LE RENARD ET LES POULETTES

UNE HISTOIRE ÉCRITE
PAR AGNÈS CATHALA
ET ILLUSTRÉE PAR KIKO

MILAN

Il était une fois trois petites poules, une blanche, une marron et une noire, qui vivaient chez leur mère. Jusqu'au jour où celle-ci leur dit qu'elles n'étaient plus des poussins et qu'elles avaient assez grandi pour suivre leur chemin. Les trois petites poules partirent donc dans les bois, sautillant et cotcotcodant, à la recherche d'un endroit où construire une maison pour elles trois.

Très vite, elles arrivèrent dans une clairière qui semblait parfaite : il y avait de l'ombre et de la lumière, de la bonne terre et, surtout, pas de voisin gênant, du moins à première vue. Mais le renard, caché dans son terrier, se tenait tout près… En regardant les poulettes construire leur maison avec cheminée et poulailler vitré, le rusé se réjouissait : il allait avoir des œufs au petit-déjeuner, et même à toute heure de la journée. Il n'aurait qu'à se servir !

Et, plus tard, quand les poulettes seraient devenues grassouillettes, c'est à elles que le gourmet s'en prendrait. Nous étions au printemps, et le renard prévoyait qu'elles seraient bonnes à croquer pour le nouvel an. Jusque-là, il serait patient et se contenterait d'œufs durs, au plat, à la coque ou en omelette.

Quand leur maison fut terminée, les trois petites poules se mirent à pondre dans le poulailler : des œufs blancs, des œufs marron et des œufs noirs, ressemblant à leurs jolis plumages. Mais chaque nuit, alors qu'elles dormaient dans leur chambre, les œufs disparaissaient, volés par le renard ! Quelle histoire !

Pour coincer le voleur, la poule noire remplaça un soir les œufs par des cailloux. La nuit, les poulettes furent réveillées par des cris : c'était le renard, qui s'était cassé les dents en voulant briser la coquille de ce qu'il croyait être un œuf frais et succulent. Les trois petites poules chassèrent le voleur à coups de bâton : s'il voulait des œufs, qu'il vienne en acheter, comme le faisaient les honnêtes gens ! Sinon, qu'il reste chez lui !

Bien sûr, le renard n'en fit rien et, poussé par la faim, il revint dès le lendemain. Il ne se doutait pas que, cette fois, la poule blanche avait remplacé tous les œufs par des glaçons. Le renard s'en remplit les poches tout en se disant que ces poulettes étaient bien bêtes de croire qu'il ne reviendrait plus. Mais, quand il arriva dans son terrier, sa récolte avait fondu et, en plus d'être affamé, il était trempé !

C’en était trop pour le renard, qui décida de dévorer les poulettes sans attendre le nouvel an. Zut de zut ! Il allait les capturer et les faire mijoter à la cocotte-minute ! Équipé d’un grand sac, le renard retourna chez les trois petites poules le soir suivant. Mais une odeur inconnue vint lui chatouiller le museau.
C’était une odeur qui faisait passer l’idée de se venger.
Elle venait du poulailler…

Cette fois, la poule marron, la meilleure cuisinière des trois poulettes, avait remplacé les œufs par des œufs en chocolat : au chocolat blanc, au chocolat noir et au chocolat au lait, comme leurs plumages. Le renard y goûta et les trouva excellents. Il en remplit son sac et retourna chez lui, où il essaya de s'en faire une omelette. En réalité, il fit une crème aux trois chocolats et inventa une fameuse recette !

Ces œufs étaient si bons que le renard n'avait plus qu'une idée en tête : en manger de nouveau. Il tournait en rond dans son terrier à la recherche d'une solution quand il entendit la sonnette : c'étaient ses voisines qui venaient le trouver… avec trois paniers remplis d'œufs en chocolat ! Le renard croyait rêver !

« Nous avons un marché à te proposer, dit la poule noire.
– Nous voulons monter une chocolaterie et nous avons besoin de quelqu'un pour nous aider, expliqua la poule blanche.
– Quelqu'un de gourmet comme toi qui aime le bon chocolat »,
ajouta la poule marron.
Les poulettes étaient rusées : elles savaient que, près d'elles, le renard filerait droit. « Marché conclu ! », s'exclama le renard, tout content.

contrats

Pour se faire un peu de publicité, les poulettes organisèrent une grande chasse aux œufs dans la forêt. Elles en avaient caché partout : dans les arbres, au creux des fougères, sous les cailloux… De tous les animaux, le renard était le plus intéressé par ce jeu. Si bien que les trois poules durent lui répéter : « Ces œufs ne sont *pas que pour toi*, Renard. *Pas que pour toi !* » Il se raconte aujourd'hui que c'est de là que vient l'expression : les « œufs de pas-que-pour-toi » auraient fini par s'appeler les « œufs de Pâques ». Cela reste à prouver…

Ce qui est certain, c'est que la chocolaterie des trois petites poules connut un grand succès, comme leur idée de chasse aux œufs printanière ! Maman Poule était fière et se disait qu'elle avait eu raison d'encourager ses filles à quitter la maison. Devenues célèbres, les poulettes se marièrent chacune avec un coq charmant et eurent plein de poussins. Quant au renard, grâce à elles, il n'eut plus jamais faim. Et il cessa d'être le roi des bandits pour devenir celui de la pâtisserie !

LA RECETTE DE RENARD

SABLÉS DE PÂQUES AUX TROIS CHOCOLATS

IL TE FAUT :

- 1 pincée de sel
- 1 tasse à café de sucre en poudre (= 100 g)
- 3 tasses de farine (= 200 g)
- 8 cuillérées à soupe de beurre doux, ramolli à température ambiante (= 150 g)
- 2 jaunes d'œufs (de poulette)

ET, COMME ON NE FAIT PAS DE BISCUITS SANS CASSER DES ŒUFS EN CHOCOLAT *, IL TE FAUT :

- 1 tasse remplie d'éclats de chocolat noir
- 2 tasses d'éclats de chocolat au lait
- 4 tasses d'éclats de chocolat blanc

* Pour faire tes éclats de chocolat, tu peux utiliser les restes de tes œufs de Pâques, ou acheter des tablettes fines de chocolat (= 100 g), faciles à briser en tout petits morceaux.